Para:

....

De:

....

Direção de projeto editorial: Lidia María Riba
Direção de projeto gráfico: Trini Vergara
Direção de arte: Paula Fernández
Design e ilustrações: Carla Melillo
Editora: Luciana Salgado
Editora assistente: Marcia Alves
Tradução: Maria Suzete Casellato
Diagramação: Cristina Nogueira da Silva

www.vreditoras.com.br

Rua Capital Federal, 263 - CEP 01259-010
Bairro Sumaré - São Paulo - SP - Tel./Fax: (55 11) 4612-2866
editoras@vreditoras.com.br

ISBN: 978-85-7683-337-6

Impresso na China • Printed in China

Dados Internacionais de Catalogação na Publicação (CIP)
(Câmara Brasileira do Livro, SP, Brasil)

Agradeço de coração / Vivian Perel ; [tradução Maria Suzete Casellato]. - São Paulo : Vergara & Riba Editoras, 2011.

Título original: Te agradezco de corazón.
Vários autores.
ISBN 978-85-7683-337-6

1. Conduta de vida 2. Mensagens 3. Reflexões
I. Perel, Vivian.

11-10267 CDD-158

Índice para catálogo sistemático:
1. Conduta de vida : Reflexões : Psicologia aplicada 158

Esta publicação segue as normas do Novo Acordo Ortográfico da Língua Portuguesa.

Vivian Perel

Agradeço de coração

V&R Editoras

Por que dizer "obrigado"

Há muitas razões para agradecer:
o calor do sol, a neve recém-caída,
uma fruta doce e madura,
uma melodia que nos emociona,
um aroma que nos devolve a um lugar
ou tempo queridos,
e também àquilo que, sem pedirmos ou merecermos,
os outros fazem por nós. São como
milagres cotidianos, alguns ínfimos, outros gigantescos.
Todos nos levam a agradecer;
e a gratidão nos faz pessoas melhores.

Enquanto o rio correr,
os montes nos fizerem sombra
e houver estrelas no céu,
deve durar a lembrança do benefício recebido
na mente do homem agradecido.

Virgílio

Se você viveu, agradeça o seu passado.

John Dryden

Sejamos agradecidos pelas pessoas
que nos fazem felizes; são os jardineiros encantadores
que fazem florescer nossas almas.

Marcel Proust

Recebi muitas bênçãos em minha vida.
Sempre tive mais do que o necessário.
Jamais passei fome,
não dormi ao relento, nem me faltou amor.
Agradeço por todo dia que me foi concedido.
Muitos pensam que o que tenho é pouco,
mas tenho saúde, felicidade, amigos, família,
carro, um teto sobre minha cabeça, um emprego
e a capacidade de dançar e cantar.
A vida é boa e eu agradeço por isso.

Norman Borlaug

Coloquemo-nos de pé e agradeçamos,
pois se não aprendemos muito hoje,
pelo menos aprendemos alguma coisa,
e se não aprendemos coisa alguma,
pelo menos não adoecemos
e se adoecemos,
pelo menos estamos vivos.
Então, agradeçamos.

Buda

Obrigado à vida, que me deu tanto.
Deu-me dois olhos que, quando os abro,
distingo perfeitamente o preto do branco,
e no alto céu, seu fundo estrelado.
E nas multidões, o homem que eu amo.

Violeta Parra

Agradeço por compreender coisas
que antes não entendia.
Por meus amigos e minhas amigas.
Por saber distinguir entre o bem e o mal.

Patrick Higgins

Entre os bens que o ser humano mais agradece
encontram-se a vida, a saúde, a amizade,
a lealdade e os ensinamentos de seus antepassados.

Susan Hastings

Eu vou pedir:
que as estrelas não parem de brilhar,
e as crianças não deixem de sorrir,
e que os homens jamais se esqueçam
de agradecer.

Por isso eu digo:
obrigado, Senhor, por mais um dia,
obrigado, Senhor, que eu posso ver
que seria de mim sem a fé que eu
tenho em Você?

Roberto e Erasmo Carlos

Às vezes ouço passar o vento;
e só de ouvir o vento passar,
vale a pena ter nascido.

Fernando Pessoa

Obrigado,
porque à beira do abismo
quando já estava perdido
animaste minha esperança.
Obrigado,
pelo bem que à minha existência
infeliz
trouxe a ternura de tua voz.
Obrigado,
pela aurora que acendeste
pela fé que me ensinaste
pela vida que me deste.
Obrigado,
porque um dia me salvaste
de viver sem coração
com tua canção.
Em cem noites de dor
te chamou minha oração
e o milagre de teu amor
à minha voz respondeu.
E na obscura cerração de minha vida
foi teu amor como uma estrela acesa
e hoje dou graças a Deus
por teu amor e meu amor.

Carlos Bahr

Faça um diário de agradecimento. A cada noite, anote cinco coisas pelas quais está agradecido. Você vai ver mudar aos poucos a perspectiva do seu dia, e da sua vida.

Oprah Winfrey

Quero agradecer o divino
labirinto dos efeitos e das causas
a diversidade das criaturas
que formam este singular universo...

o amor, que nos deixa ver os outros
como os vê a divindade,
o duro diamante e a água corrente,
a álgebra, palácio de precisos cristais...

Jorge Luis Borges

Obrigado por conhecer você,
por sorrir pra mim,
por me olhar e por falar comigo.
Obrigado por me amar tanto,
pelo seu sorriso e por seu pranto
e por todas as suas palavras de amor.

Augusto Algueró

Ida e volta

A amizade consiste em esquecer o que se dá
e lembrar o que se recebe.

Alexandre Dumas

Entre meu "por favor" e meu "obrigado",
você torna o caminho mais curto, mais ameno,
mais leve.

Mercedes Sáenz

Lembro dos dias felizes e gostaria de poder sussurrar meu agradecimento nos ouvidos dos que já partiram para sempre, por tudo o que contribuíram para essa felicidade, como não fiz enquanto viviam.

Gwyn Thomas

A gratidão e o reconhecimento
são os melhores presentes
que uma pessoa pode receber
em qualquer época e lugar do mundo.

Joan Lovell

A gratidão faz a vida ser mais plena.
Converte o que temos em suficiente e mais.
Transforma a negação em aceitação,
o caos em ordem e a confusão em claridade.
Pode fazer com que uma refeição se converta
em um banquete, uma casa em um lar
e um estranho em um amigo.

Melody Beattie

O agradecimento sincero
é uma força poderosa
que abre as portas
à abundância e à felicidade
ilimitadas.

Pelo dia de hoje
e suas bênçãos
devo ao mundo
uma atitude
de agradecimento.

Clarence E. Hodges

Cada um sempre tem
muito a agradecer,
e cuidar do que se recebeu
é uma forma de demonstrar
nosso reconhecimento.

Mary O'Hare

Nenhum homem digno pedirá que se lhe agradeça por aquilo que nada lhe custou fazer.

Terêncio

A maior virtude
de um espírito superior
é ser agradecido
e cultivar a gratidão.

Saeil Durand

Aceitar um favor de um amigo é fazer-lhe outro.
John Churton Collins

Temos muito
que dançar e cantar,
vamos
ao longo do mar,
ao alto dos montes,
vamos
aonde esteja florescendo
a nova primavera
e em um golpe de vento
e canto
repartamos as flores,
o aroma, os frutos,
o ar
da manhã.

Pablo Neruda

Não se trata de pagar favor com favor, nem presente com presente, mas de sentir e expressar admiração e gratidão pelas qualidades humanas dos que nos honram com seus dons.

León Uris

A gratidão, como certas flores,
não nasce nas alturas, mas se renova
na boa terra dos humildes.

José Martí

O agradecimento
é a maneira de abençoar,
cantar, aplaudir,
felicitar, retribuir e celebrar
tudo o que recebemos.

O que damos
aos que nos rodeiam,
sempre volta
para nós.

Gratidão não é apenas
o que fica escrito
sobre um mármore.
É o que fica na memória do homem
quando olha para suas mãos.

Carol Hunter

As pessoas agradecidas se alegram
pelos bens recebidos, reconhecem-nos
e estão dispostas a corresponder.

Peter Kemp

Há ocasiões em que não podemos agradecer no momento preciso, mas sempre poderemos retribuir em outro momento, em outro lugar, inclusive a outras pessoas.

Anne Morrow Lindbergh

A gratidão é a arte de transformar a adversidade numa formosa pintura.

Kak Sri

Quando lhe digo "obrigado", digo que quero para
você bênçãos, graças e alegrias.
Quero que sobre você desça um manto
de proteção contra todos os males,
quero que os pássaros cantem no céu e as crianças
sorriam à sua passagem. Do fundo do meu
coração, e em reconhecimento pelo que você fez
por mim, pelo que me deu, pelo seu esforço
ou seu sorriso, é meu desejo que tudo o que você
deu lhe seja devolvido com acréscimo.
Isso é o que digo quando lhe agradeço.

E. N. R

Só um excesso
é recomendável no mundo:
o excesso de gratidão.

Jean de La Bruyère

Não atires pedras na fonte
da qual bebeste.

Talmude

Em dar e receber com alegria
reside o segredo da felicidade.

Khalil Gibran

Um coração agradecido

Como são pequenas minhas mãos em relação a tudo o que a vida quis me dar!

Ramón J. Sender

Nada substitui tuas sinceras palavras de apreço para aqueles que fazem algo por ti. São totalmente gratuitas e valem uma fortuna.

Sam Walton

Agradecer é mais do que ter bons modos,
é ter bom espírito.

Alfred Painter

A gratidão não é somente a maior
das virtudes, mas a mãe de todas elas.

Cícero

Gostaria de poder escrever, com fumaça colorida
no céu, a palavra “obrigado”.
Mas creio que as palavras sinceras
– quando provêm do coração –
podem causar o mesmo efeito.

Kristiane e Volker Wybranietz

Tua generosidade vai além
do que eu possa expressar, mas,
mesmo que os meus lábios não o tenham
dito, meu coração está agradecido.

Nicholas Rowe

Podemos dizer que estamos realmente vivos
nos momentos em que nossos corações
têm consciência de seus tesouros.

Thornton Wilder

Um coração agradecido dá sentido
ao nosso passado, traz paz ao presente
e cria uma visão para o amanhã.

Melody Beattie

Oxalá sejamos agradecidos por tempos bons
e mares calmos, e em tempos de tormenta
tenhamos a coragem e a paciência que caracterizam
todo bom navegante; e, sobretudo, oxalá tenhamos
a alentadora esperança de encontros felizes quando
nosso barco finalmente baixar sua âncora
nas águas tranquilas da eterna baía.

Max Ehrmann

Atrevo-me a afirmar que o agradecimento
é a forma superior do pensamento,
e que a gratidão é a felicidade multiplicada
pela maravilha e pelo assombro.

C. K. Chesterton

Um coração agradecido
pesa menos.

Madame Amiel-Lapeyre

Como nasce cada dia fresco e renovado, assim
se renova minha gratidão diariamente.
Quando o sol surge no horizonte, é como o bater
de meu coração agradecido que ressoa diante
de um mundo abençoado.

Terri Guillemets

Com frequência damos
por certas as coisas
que mais merecem nosso
reconhecimento.

Cynthia Ozick

Cada um de nós tem a possibilidade
de fazer os outros felizes.
Alguns conseguem isso ao
entrar em uma casa,
outros, quando a deixam.

Algumas pessoas deixam rastros de tristeza,
outras, rastros de alegria e felicidade.

Uns deixam rastros de ódio e amargura,
outros, rastros de amor e harmonia.

Alguns deixam rastros de cinismo e depressão;
outros, de gratidão e esperança.
Que tipo de rastro você gostaria de deixar?

William Arthur Ward

Vivian Perel é o pseudônimo
da equipe editorial da V&R,
composta por profissionais do mundo do livro
que, sob a direção de Lidia María Riba,
fizeram a pesquisa literária necessária
para compilar, escolher e editar as frases
que compõem este livro.

Sua opinião é muito importante!

Mande um e-mail para **opiniao@vreditoras.com.br**
com o título deste livro no **"Assunto"**.

Conheça-nos melhor em:

www.vreditoras.com.br